L'IMPOT

SUR

LE REVENU

Sans déclaration ni inquisition

Basé sur le Rapport de la valeur locative du foyer domestique
de chaque contribuable avec l'ensemble de son REVENU

EXAMEN THÉORIQUE ET PRATIQUE

DES TROIS PROPOSITIONS

DE MM. WOLOWSKI, AUBRY ET D'ANDELARRE

Membres de l'Assemblée nationale

Précédé d'une lettre de M. AUBRY

EXTRAIT DU JOURNAL

LE GLOBE

Numéros des 27 octobre, 3 et 10 novembre 1872 et 3 janvier 1873

A PARIS, 8, RUE TAITBOUT

L'IMPOT

SUR

LE REVENU

Sans déclaration ni inquisition

Basé sur le Rapport de la valeur locative du foyer domestique
de chaque contribuable avec l'ensemble de son REVENU

EXAMEN THÉORIQUE ET PRATIQUE

DES TROIS PROPOSITIONS

DE MM. WOLOWSKI, AUBRY ET D'ANDELARRE

Membres de l'Assemblée nationale

Précédé d'une lettre de M. AUBRY

EXTRAIT DU JOURNAL

LE GLOBE

Numéros des 27 octobre, 3 et 10 novembre 1872 et 5 janvier 1873

A PARIS, 8, RUE TAITBOUT

TABLE

L'IMPOT SUR LE REVENU

SANS DÉCLARATION NI INQUISITION

———

I

Lettre de M. Maurice Aubry.

Paris, le 23 octobre 1872.

A M. le directeur-gérant du GLOBE.

Monsieur,

Vous me demandez pourquoi je n'ai pas défendu et développé pendant la dernière session de l'Assemblée nationale, ma proposition d'IMPOT SUR LE REVENU, *basé sur les rapports de la valeur locative du foyer domestique avec l'ensemble du* REVENU *de chaque contribuable.*

Vous me demandez en outre si, cette question n'étant encore ni engagée ni compromise, il me contrarierait de la voir examinée de nouveau dans votre journal, avec ou sans le concours des documents qui devaient me servir pour la discussion.

L'accueil que vous avez bien voulu faire à ma proposition, en l'appuyant, il y a quelques mois, dans une série d'articles très étudiés, me fait un devoir de vous répondre avec empressement.

Je suis de ceux qui pensent que, suivant la règle des gouvernements constitutionnels, la proposition des impôts nouveaux à établir appartient exclusivement à l'initiative du pouvoir exécutif : c'est donc contraint et forcé par des nécessités de circonstance, que je me suis associé, ainsi que plusieurs de mes collègues, à la recherche des ressources nécessaires.

Mais après l'échec de toutes les propositions d'initiative parlementaire, plus ou moins accueillies et défendues par la commission du budget, en face d'un débat qui prenait chaque jour un caractère plus aigu de parti pris, j'aurais cru aller au delà de mon devoir, en exposant, sous ma seule autorité, le principe de *l'impôt sur le revenu*, aux périls d'une discussion tardive ou insuffisante.

Mais la question de *l'impôt sur le revenu*, telle que je l'ai formulée en proposition, telle que vous l'avez comprise, définie et discutée, reste entière.

Elle préoccupe plus que jamais l'opinion publique.

Elle peut encore se poser devant l'Assemblée, sans avoir à redouter, comme *l'impôt sur les revenus*, la fin de non-recevoir d'un vote antérieur.

Vous avez donc toutes les raisons possibles de l'examiner de nouveau, dans votre journal, et s'il ne vous manquait pour cela que des documents d'étude, je n'hésite pas à vous confier les miens, pour en faire l'usage que vous jugerez utile à la cause économique que nous défendons en commun.

Agréez, monsieur, l'assurance de ma considération distinguée.

M. AUBRY,
député des Vosges.

II

Équilibre du budget.

A l'heure présente, la question du jour, celle qui plane, en dehors et, peut-être, au-dessus des questions politiques, sur les destinées de la France, c'est

L'ÉQUILIBRE DU BUDGET.

En effet, la première condition du droit et de la force, pour les nations comme pour les individus, c'est d'être en mesure de faire honneur à tous ses engagements dans le présent et dans l'avenir.

« *Le roi de France paie ses dettes, même quand il ne doit rien*, » disait un vieil adage de la monarchie.

On ne peut demander aujourd'hui à la République française que de payer ses dettes obligatoires, sans les accroître ni les ajourner.

Il ne faut pas se faire illusion sur le dernier Emprunt. En fait, il n'a produit que la consolidation d'une dette échue en une dette à amortir, et son déplacement avec accroissement d'intérêts et de frais.

Chaque fois qu'un gouvernement sérieux offrira au public 100 fr. à terme contre 85 fr. comptant, la grandeur du succès ne prouvera pas précisément qu'on ait fait une bonne opération.

Quoi qu'il en soit, la dette reste entière avec tout son poids sur le crédit de la nation et avec ses nécessités inflexibles d'amortissement annuel sur le budget.

Non-seulement la dette consolidée reste entière et accrue, mais encore la dette flottante envers la Banque de France survit à la consolidation et continue à river le commerce français à la chaîne du cours forcé, de l'agio et d'un taux d'escompte arbitraire.

Quel est le remède à cette situation ?

Nous ne pouvons trop le répéter : c'est l'équilibre du budget ou mieux encore :

L'excédant des recettes,

La diminution des dépenses.

Or, d'une part, sans entrer dans les détails, nous affirmons que les recettes sont en diminution sur les prévisions de plus de 180 millions au 1er janvier 1873, et qu'on est fondé à craindre des mécomptes encore plus grands en règlement d'exercice.

D'autre part, nous affirmons avec l'autorité de l'histoire, et celle du Président de la République lui-même, que les circonstances actuelles ne sont pas faites pour rassurer l'opinion sur la diminution des dépenses publiques.

Ce n'est pas tout ; il y a des accidents collatéraux, transitoires, nous l'espérons, mais assez graves pour être signalés :

1° Les difficultés inhérentes à un service de trésorerie sans précédent, et à des opérations techniques de change traitées par agents administratifs qui n'ont ni l'habitude ni la responsabilité que ces agissements financiers comportent ;

2° Les mécomptes d'une liquidation et d'une restauration de détails infinis que les désastres de la guerre et de la Commune ont infligés au pays ;

3° L'inévitable nécessité d'abolir certains impôts nouveaux, tracassiers ou stériles, et de revenir sur des exagérations de taxes anciennes, lesquelles, au lieu de produire des plus-values, sont devenues inférieures en rendement, soit par la diminution de la consommation, soit par l'impossibilité même d'en assurer l'exécution;

4° Les réserves que les meilleurs esprits ont exprimées sur une révolution économique faite au rebours de la liberté par le rétablissement du régime protectioniste; car ce retour inattendu à un système suranné est absolument incompatible avec le mouvement moderne des choses et des esprits, et déjà il menace d'ensanglanter nos frontières;

5° Les agitations politiques et la précarité de la constitution actuelle qui paralysent les entreprises de longue haleine et altèrent profondément la puissance rayonnante et attractive du génie français;

6° La multiplication des fonctions publiques nécessaires ou parasites, surexcitée encore, dans la situation actuelle, par la lutte des partis : fait capital et désastreux, en ce qu'il détourne de l'agriculture et du commerce, ces grandes écoles du travail, de la famille et de la responsabilité, les forces les plus vives de la nation.

Si on ajoute toutes ces circonstances, et beaucoup d'autres dont l'énumération serait trop longue, au double fait incontestable de la diminution des recettes et des entraînements de dépenses utiles, on ne s'étonnera pas que les préoccupations des esprits réfléchis soient dirigées particulièrement aujourd'hui sur *l'équilibre du budget*.

Laissons de côté la question très complexe des dépenses qui appartient plus spécialement au domaine politique et sur laquelle on ne peut raisonner utilement qu'en se plaçant en présence de chaque espèce.

La question des recettes est plus simple : elle appartient essentiellement aux appréciations écono-

miques et financières dont le *Globe* a la préten-
tion d'être un des libres organes de la presse française.

III

Résumé de la question fiscale.

Cette grande question a été éclairée par la parole
réservée. mais nette et compétente, de M. Magne, an-
cien ministre des finances.

Dans un exposé rapide et clair, M. Magne a démontré, jusqu'à la dernière évidence, que des trois
bases sur lesquelles repose notre régime fiscal,
savoir :

La mutation ;

La consommation ;

Le revenu ;

L'impôt avait non-seulement épuisé les taxes possibles sur la consommation et sur la mutation, mais
encore exagéré la mesure.

Que, dès lors, il ne restait plus, pour créer des ressources nouvelles, qu'à s'adresser aux divers éléments
du revenu, pris dans leur ensemble ou dans leurs
espèces.

L'Assemblée nationale, d'accord avec le gouvernement, avait déjà repoussé une formule d'impôt *sur les
revenus*, parce que cette formule, à l'instar de l'*income
tax*, exigeait, à la fois, la déclaration du contribuable
et l'ingérence du fisc dans les secrets de la vie privée.

Mais elle ne recula pas, sous la pression de l'évidence du raisonnement de M. Magne, devant la recherche de toutes les espèces de revenus qu'elle pou-

vait atteindre sans déclaration ni arbitraire : notamment les revenus des capitaux mobiliers qui sont constatés par des actes publics, et dont la taxe peut être payée d'office par des tiers à la décharge du contribuable ; ainsi les créances hypothécaires, intérêts et dividendes des actions et obligations, etc.

Mais il reste toujours le revenu général, indescriptible, insaisissable de chaque citoyen, notamment le revenu des Rentes d'Etat, des bénéfices professionnels, et des créances chirographaires qui échappent, comme par le passé, aux taxes publiques.

Peut-on prétendre atteindre ces revenus privilégiés en procédant à leur recherche par voie *d'espèces*, et en les frappant de taxes spéciales ?

Non, cent fois non.

Le respect dû au crédit public, aux mœurs nationales, aux secrets du foyer, opposeront toujours à ce système une barrière infranchissable.

Mais est-il absolument impossible de trouver une formule qui exprime par elle-même et sans recourir à la déclaration ni au contrôle, l'ensemble du revenu de chaque contribuable ?

Existe-t-il un moyen pratique, rationnel, équitable, qui permette d'atteindre, dans une taxe générale, toutes les portions du revenu qui échappent aux taxes spéciales ?

Telle est la question qui se pose dans tous les esprits et qui est restée sans solution jusqu'à ce jour.

Les préoccupations de l'opinion publique sur ce point sont si vives, si pressantes, si contagieuses, que le ministre des finances, M. de Goulard lui-même, ne pouvant échapper à une vérité qui s'impose, déclarait à la tribune, dans les derniers jours de la session de

1872, que *s'il y avait un moyen de connaître le revenu général, même approximatif, de chacun, ce serait l'idéal de l'impôt.*

Après cet aveu qui constate à la fois la vérité du principe et l'impuissance de le mettre en pratique, il serait au moins naïf de prétendre apporter une solution concluante et un système tout d'une pièce à l'abri de toute critique.

Mais nous croyons qu'il y a dans les propositions de MM. Aubry, Wolowski et d'Andelarre, le principe et l'élément pratique d'un impôt nouveau, correspondant au sentiment universel, pouvant être expérimenté sans péril sur une échelle modérée, et contenant, par son élasticité même, le germe de toutes les réformes fiscales que la situation comporte.

C'est ce que nous allons examiner rapidement.

IV

Théorie légale de l'impôt sur le revenu.

MM. le marquis d'Andelarre, Wolowski et Aubry ont fait, chacun de leur côté, et à des époques diverses, des propositions qui diffèrent dans la forme, tout en dérivant de la même inspiration.

Ces trois propositions analogues ont été examinées par la commission du budget de 1872 dans un chapitre spécial du rapport de M. Deseilligny, sous la rubrique :

Impôts sur les loyers.

Toutefois, le rapport explique qu'en fait, et selon l'intention de leurs auteurs, ces diverses propositions constituent, dans leurs principes et dans leurs conséquences, un véritable *impôt sur le revenu*, présenté sous une forme nouvelle et relativement acceptable,

Le rapport ajoute que c'est une des propositions les plus sérieuses qui aient été faites sur ce sujet : tout en faisant ressortir certaines objections de détail sur la mise en pratique de ce genre d'impôt, la commission du budget reconnaît expressément que, notamment, la proposition de M. Aubry présente un moyen rationnel de frapper le revenu, en évitant le péril des déclarations et la difficulté du contrôle.

Sous le bénéfice de cette appréciation si autorisée, nous nous sentons plus à l'aise pour remettre à l'étude le principe même de la proposition et répondre aux objections qu'il peut rencontrer dans l'application.

Le principe se réduit à la simple formule suivante :

La valeur locative du foyer domestique, dégagée de toute location étrangère à la vie de famille, est la mesure la plus approximative et le plus facilement appréciable du revenu du contribuable.

Cette formule est-elle juste et pratique ?
Examinons.

En matière d'impôts, comme en toute autre, on se trouve nécessairement en face d'un double courant d'idées plus ou moins opposées :

La théorie et la pratique.

En théorie, l'idéal de l'impôt est celui qui se proportionne le plus exactement avec le revenu des contribuables, revenu que la Société a pour mission de protéger et d'agrandir.

En pratique, le meilleur impôt, c'est-à-dire le moins lourd en apparence, est celui qui se perçoit le plus facilement, à moindres frais, sans arbitraire ni inquisition.

Il est rare de trouver un impôt qui corresponde à cette double nécessité de justice et de simplicité.

Ainsi, il y a des impôts tous excellents en théorie, mais fâcheux en pratique, par exemple : les impôts somptuaires (chevaux, voitures, billards, montres, chiens, etc.).

Réciproquement, il y a des impôts, excellents en pratique, mais théoriquement et relativement injustes, par exemple : les impôts indirects (sels, vins, matières premières, instruments de travail, objets de consommation commune, etc.).

Nous ne critiquons pas, nous constatons la difficulté de réaliser un idéal qui réunirait, à la fois, et la juste proportion de l'impôt avec le revenu individuel, et la facilité d'asseoir et de percevoir l'impôt.

Cependant, nous avons déjà signalé il y a quelques mois une formule de conciliation présentée le 23 décembre 1871 par M. Teisserenc de Bort, dans un discours remarquable à tous égards. Il est nécessaire de se reporter au texte même de ce discours pour bien saisir la pensée maîtresse de notre régime fiscal qui a évidemment inspiré la proposition de M. Aubry et les autres analogues.

En voici un extrait :

M. Teisserenc de Bort..... La loi du 13 janvier 1701 décrète « qu'il est établi un impôt mobilier qui doit porter sur tous les revenus non atteints par l'impôt foncier, les rentes actives, les rentes de fonds publics, les intérêts de capitaux employés dans les entreprises industrielles de tous genres, les salaires de toute espèce, les travaux qui,

exigeant une intelligence exercée et une habileté perfec-
tionnée, supposent un apprentissage dont les frais doivent
être considérés comme un capital qu'on a placé soi-même
et dont on doit tirer du bénéfice personnel. »

Enfin, l'adresse de l'Assemblée nationale au peuple pro-
clame *qu'en France, la Constitution, les principes, les lois et
les mœurs proscrivent toute espèce d'inquisition dans la perception des impôts.*

Pour rester fidèle à ce programme, l'Assemblée nationale
dut chercher une mesure apparente des facultés contribu-
tives qu'elle s'interdisait de connaître par des investiga-
tions inquisitoriales. Elle procéda alors à peu près comme
les physiciens qui, quand ils ont voulu connaître la température de l'eau, sans risquer de se brûler en plongeant les
doigts dedans, ont construit un appareil qui indique par sa
graduation extérieure la température des liquides. Elle
chercha donc l'état de l'échelle du revenu privé et elle le
trouva dans la valeur locative du logement occupé par le
contribuable.

Voici comment elle expliquait cette décision :

« Il est si naturel, — disait-elle, toujours dans l'adresse
que je viens de citer, — il est si naturel à l'homme de
chercher à embellir le séjour où il passe la plus grande
partie de sa vie, que presque personne n'est arrêté dans ce
penchant que par l'impossibilité de le satisfaire et que, à
*très peu d'exceptions près, le prix des logements d'habitations,
indique la graduation des richesses...* »

Il n'y a rien à ajouter à ces paroles qui mettent en
pleine lumière l'exactitude du principe que nous défendons, c'est-à-dire la légitimité de l'impôt sur le
revenu basé sur le rapport du loyer avec le revenu.

Mais M. Tesserenc de Bort va plus loin : suivant
lui, non-seulement l'impôt sur le revenu est légitime,
nécessaire, mais cet impôt existe en France dans le

cadre de nos quatre contributions directes. C'est ce qu'il exprime ainsi :

Ainsi, messieurs, nous avons notre impôt sur le revenu, cadre complet et élastique qui comprend une série d'impôts spéciaux, en quelque sorte professionnels, sur tous les fonds productifs : la terre, le commerce, les manufactures, et *une contribution générale sur tout l'ensemble des revenus : l'impôt mobilier et celui des portes et fenêtres.* Cet impôt a produit en 1869 au Trésor une somme de 550 millions; et après déduction de 233 millions attribués aux dépenses locales, il a versé au Trésor central 317 millions, c'est-à-dire beaucoup plus que n'a donné à la Grande-Bretagne, dans la dernière période décennale, l'income-tax grossie de tout ce qui, dans l'impôt anglais, ressemble de près ou de loin à nos contributions directes.

Cet impôt est entré dans nos usages, dans l'équilibre des fortunes privées; il est accepté par nos populations qui le payent sans réclamation ni sans murmures, il se prête à tous les accroissements et à toutes les réductions, par le jeu des centimes additionnels. Il est d'une perception exceptionnellement économique, puisque les frais de régie qui lui sont afférents s'élèvent à peine à 4 0/0, tandis que la moyenne de ces mêmes frais pour nos autres impôts dépasse 10 0/0.

Ce serait donc une insigne folie, lorsque nous avons sous la main une institution si bien organisée, si bien acclimatée chez nous, si éminemment perfectible, qui fonctionne avec tant d'aisance et de régularité, de vouloir lui substituer ou lui superposer une institution étrangère qui puise aux mêmes sources, qui poursuit le même but et pour laquelle tout est à créer, personnel, matériel, réglementation et surtout la consécration par excellence des impôts : la routine du public. (Approbation sur un assez grand nombre de bancs.)

Cette seconde partie du discours de M. Teisserenc de Bort se réfère évidemment à la discussion en cours de *l'impôt sur les revenus*, proposé à ce moment par M. Wolowski sur la base des déclarations ; mais elle ne saurai... ni infirmer la première partie du discours cité plus haut, ni s'appliquer au principe d'un impôt *sur le revenu* basé sur la valeur locative du foyer domestique.

Sans doute, notre régime fiscal atteint *des revenus* spéciaux, mais atteint-il *le revenu* dans son ensemble et dans sa généralité ?

Atteint-il *le revenu* dans la juste proportion de sa distribution et dans la juste mesure des nécessités présentes ?

Atteint-il même *les revenus* qu'il frappe, avec le caractère nouveau d'un grand sacrifice demandé à la génération actuelle, et accepté, sinon offert par son patriotisme ?

Évidemment non.

En effet, si, dans la pensée du législateur de 1791, les quatre contributions directes, notamment la contribution mobilière, exprimaient virtuellement *l'impôt sur le revenu*, nul ne peut contester aujourd'hui la vérité de la proposition suivante.

En face des nouveaux impôts indirects créés successivement, en face de l'insuffisance cadastrale, de la transformation des fortunes, de la multiplication des capitaux mobiliers, les impôts directs ont perdu leur caractère originel de *taxe générale* pour devenir des *taxes spéciales*, absolument indépendantes, comme désignation, mesure et proportion, de *l'impôt sur le revenu*, que cette première assiette devait engendrer et développer.

La preuve irréfragable que cette assiette des quatre contributions directes ne représente plus aujourd'hui l'impôt sur le revenu, c'est que l'Assemblée nationale et le gouvernement n'ont pas osé en élever les proportions à la hauteur des nécessités présentes : car ce qu'il est si naturel et si facile de faire pour une taxe générale et d'ensemble, devient absolument impraticable pour des taxes spéciales.

D'ailleurs, il faut bien le reconnaître, si le législateur de 1701 a eu l'intention d'établir l'impôt sur le revenu, c'est très certainement sur la base de la valeur locative de l'appartement, suivant l'expression saisissante de M. Teisserenc de Bort : *Le loyer, c'est le thermomètre du revenu.*

Or, telle est, en effet, la fécondité du principe inhérent à la contribution mobilière, que cet impôt est le plus facilement accepté, malgré ses inégalités et ses excès.

Il est excessif, en effet, de donner aux conseils municipaux le droit de créer des exemptions, aux contrôleurs la faculté d'arbitrer la valeur locative non d'après le prix des baux, mais d'après la fortune présumée ; et ce qu'il y a de plus excessif encore, c'est d'avoir introduit dans notre régime fiscal, par la contribution mobilière, la pratique de l'impôt progressif.

Sans doute les propositions de M. Aubry et de ses collègues n'ont pas pour objet de rectifier la contribution mobilière ; cet impôt reste dans son cadre actuel, en dehors de la question qui nous occupe.

Mais, après avoir démontré que l'impôt sur le revenu doit exister et existait en principe dans notre régime fiscal ;

Après avoir constaté que si, à l'origine de son établissement, le cadre des impôts directs embrassait l'ensemble des revenus, aujourd'hui il ne représente plus que des taxes spéciales et incomplètes ;

N'est-il pas logique de remonter à l'esprit et au texte de la loi de 1791, de s'emparer du principe inhérent à la contribution mobilière, d'en faire ressortir l'étalon du revenu et d'arriver ainsi, en procédant du connu à l'inconnu, à découvrir, *sans déclaration ni arbitraire*, l'idéal de la matière imposable ?

La proposition de M. Aubry, examinée au point de vue de la nécessité des temps et de la théorie fiscale, est donc logiquement irréprochable, conforme à notre législation et à nos mœurs, sans qu'on puisse lui opposer aucune des objections politico-sociales, qu'a rencontrées *l'impôt sur les revenus*, proposé par M. Wolowski.

A ce titre seul, et sous le bénéfice des autorités que nous avons présentées à l'appui, la proposition de MM. Aubry, d'Andelarre et Wolowski méritait d'être prise en considération par la commission du budget et mise à l'étude par le gouvernement.

Nous pourrions arrêter notre examen à cette première partie de la question; car ce qui précède semble suffire pour y appeler l'attention des hommes compétents.

Mais, sans prétendre offrir un travail complet sur la matière, nous allons essayer de présenter *l'impôt sur le revenu* sous son aspect pratique et répondre aux objections que son application peut faire naître.

V

Economie du système. — Objections.

Nous avons expliqué précédemment que le principe de l'impôt sur le revenu, basé sur la valeur locative, avait fait l'objet de trois propositions, émanées de l'initiative parlementaire, procédant de la même inspiration et poursuivant le même but par un mode d'application différent.

Voici ces trois propositions dans l'ordre de leurs dates :

« 12 janvier 1872 (n° 804). *Proposition de loi* relative » à une taxe d'habitation, présentée par M. Wo- » lowski. »

« 22 janvier 1872 (n° 104). *Amendement* au projet de » loi sur le revenu proposé par la commission du » budget, présenté par M. Aubry (1). »

---

(1) Proposition de M. Aubry :

Article 1er. — A dater du   , il est établi un impôt de 1 0/0 sur le revenu de tous les contribuables, nationaux ou étrangers, habitant en France.

Art. 2. — Le revenu sera calculé, conformément aux art. 6, 7 et 8, d'après la valeur locative des logements garnis ou non garnis, habités par le contribuable pendant le cours de l'année qui précède la confection des rôles et la perception de l'impôt.

Art. 3. — Ne seront pas compris dans l'estimation de la valeur locative servant à établir le revenu imposable :

1° Toutes portions des batiments occupés par une exploitation agricole, industrielle, commerciale, ou pour un service public;

2° Tous logements garnis inférieurs à ... fr. par an;

3° Tous logements non garnis inférieurs à ... fr. par an;

4° Tous logements occupés par des familles assistées.

« 10 février 1872 (n° 22). *Amendement* à la loi pré-
» sentée par le gouvernement, pour la fixation du
» budget de 1872, présenté par M. le marquis d'An-
» delarre. »

Sans entrer dans le détail de ces trois propositions
et amendements, nous en relèverons les dispositions

Art. 4. — La valeur locative sera établie par les déclarations
de bail ; à défaut de bail, ou en cas de ventilation des locations
mixtes, par les agents des contributions directes, suivant les
règles adoptées jusqu'à ce jour.

Art. 5. — En cas de changement d'habitation dans le cours
de l'année, l'estimation de la valeur locative sera faite sur le
dernier logement occupé par le contribuable.

Toutefois les valeurs locatives des divers logements habités
par le contribuable, même temporairement, mais exclusivement réservés à son usage et occupés par ses meubles, seront
totalisées et comptées, ensemble ou séparément, dans le calcul
du revenu de chaque contribuable.

Art. 6. — La valeur locative ainsi établie servira de base
pour fixer, sans autre contrôle, le revenu imposable de chaque
contribuable, au moyen d'un multiplicateur qui variera suivant
le nombre des parents ou alliés vivant en communauté de
famille avec le contribuable.

Art. 7. — Pour obtenir le chiffre du revenu imposable, on
multipliera la valeur locative par :

(8) ou 9 si le contribuable est seul.

(7) ou 8 si la famille se compose de 2 personnes.

(6) ou 7 si la famille se compose de 3 ou 4 personnes.

(5) ou 6 si la famille se compose de 5 ou 6 personnes.

(4) ou 5 si la famille se compose de 7 ou 8 personnes.

(3) ou 4 si la famille se compose de 9 personnes et au-dessus.

Art. 8. — A Paris, l'impôt sera établi sur la catégorie immé-
diatement inférieure à celle du classement réglé par l'article
qui précède.

Art. 9. — Toute réclamation contre l'évaluation de la valeur commthes qui se rapportent au mode d'application le plus pratique, et qui répondent le mieux aux objections prévues.

Sous ce rapport, la proposition de M. Aubry présente un système complet : nous la prendrons pour base d'exposition et de critique, et nous prions le lecteur de de se reporter au texte de cette proposition.

L'application de l'impôt sur le revenu, tel que nous l'avons défini précédemment, se réduit à une règle de proportion : procédant d'un chiffre connu, incontestable, *la valeur locative*, il s'agit d'établir le rapport, variable ou invariable, suivant les espèces, de ce chiffre connu et non contesté avec *le revenu* probable, approximatif, rationnel, de chaque contribuable.

Nous désignerons le chiffre de ce rapport par son expression mathématique : *Coefficient*.

Le chiffre de la valeur locative et celui du coefficient étant donnés, il suffit de multiplier l'un par l'autre pour obtenir le chiffre du *Revenu* cherché.

Telle est la méthode proposée par MM. d'Andelarre et Aubry, méthode qui se prête à des catégories diverses, lesquelles n'ont pas été prévues par M. Wo-

---

locative ou le classement propre à chaque contribuable, sera résolue conformément aux règles ordinaires en matière de contribution directe; pareillement pour la procédure en recouvrements.

Art. 10. — Cet impôt sera qualifié : impôt de guerre; il sera proportionnel et non progressif.

En aucun cas il ne supportera aucun décime ni centimes additionnels.

Art. 11. — Le montant de l'impôt sera acquitté par les contribuables en deux termes égaux, le 31 mars et le 20 septembre de chaque année.

lowski dans son mode uniforme d'une taxe d'habitation
à 15 0/0.

De plus, M. Aubry précise la diversité des coefficients, suivant certaines causes qui doivent le faire
varier, tandis que M. le marquis d'Andelarre s'en réfère sur ce point essentiel à un tableau révisé chaque
année par la loi de finances.

Enfin, M. le marquis d'Andelarre établit une classification de coefficients progressifs en raison directe
de l'importance de la valeur locative, ce que nous
repoussons absolument, comme contraire à la justice
et à l'égalité.

Ces différences constatées, entrons dans le vif de la
question.

Tout d'abord, est-il possible de constater exactement la valeur locative de chaque foyer domestique ?

Nous n'hésitons pas à répondre affirmativement à
cette première partie de la proposition, qui est le point
de départ et la base de l'impôt.

Nous ne méconnaissons pas que l'établissement
rigoureusement exact de la valeur locative nécessi-
tera un travail nouveau et considérable de révision
des valeurs locatives ; ce travail présentera notamment des difficultés sérieuses en matière de location
mixte, c'est-à-dire, pour les cas qui comprennent à la
fois des établissements agricoles, industriels, professionnels même, combinés, dans un seul et même prix
de location, avec le foyer domestique.

Mais, quand il s'agit d'une modification fiscale d'une
certaine portée actuelle et éventuelle, on ne doit pas
s'arrêter à un genre d'objections qu'on rencontre au
seuil de toutes les réformes ; combien n'en a-t-on
pas écartées de plus sérieuses encore pour arriver à

faire prévaloir une foule d'impôts nouveaux moins féconds, et moins justes.

Ces difficultés ne sont pas, d'ailleurs, insurmontables.

En fait, elles n'arrêtent pas un seul instant pour l'établissement de la contribution mobilière : de plus, elles sont singulièrement aplanies par la nouvelle loi sur l'enregistrement des baux, qui donne une base rigoureuse et marchande de toutes les valeurs locatives, même de celles habitées par les propriétaires, dans les plus petites communes, où l'on rencontre à la fois : locataires et propriétaires.

Quant aux locations mixtes, c'est une ventilation à faire suivant des règles connues et appliquées journellement ; on peut d'ailleurs en établir de nouvelles plus précises et plus spéciales.

Enfin, réservant toute question de procédure en cas de contestation du chiffre attribué aux valeurs locatives des appartements privés, il y a toujours un moyen de restreindre singulièrement les difficultés sur ce point : c'est de rester, pour l'estimation, au-dessous du prix payé au marchand, ce qui se pratique, d'ailleurs, dès à présent, pour l'assiette de la contribution mobilière dans les grandes villes.

Il serait superflu de multiplier la démonstration à cet égard ; c'est une question de fait dont l'évidence apparaît à tous les esprits les moins familiers à cette étude.

D'ailleurs, ce n'est pas la partie délicate du système et nous avons hâte d'aborder le terrain où se présentent les objections les plus sérieuses.

Nous voulons parler du *coefficient*, c'est-à-dire du rapport exact du loyer avec le revenu.

Arrivé à ce point du débat, il convient de présenter de suite les objections.

On dit :

« Le rapport du loyer avec le revenu existe assurément, mais il est purement théorique et essentiellement variable, subordonné à une infinité de causes modificatives : en matière d'impôt, il faut être simple et clair ; les classifications complexes sont toujours sujets à conflits.

» Vous pouvez bien créer des catégories ; mais si compliquées qu'elles soient, elles ne seront jamais complètes, et ne correspondront pas, ou correspondront mal, avec les espèces.

» Par exemple, le rapport du loyer avec le revenu varie, sans compter le caractère propre à chaque contribuable, suivant deux circonstances universelles :

» 1° Le nombre de personnes vivant en communauté de famille ;

» 2° L'importance de la commune, ou même la zone régionale de la commune habitée par le contribuable.

» De plus, on ne peut pas avoir difficulté sur une estimation de valeur locative destinée à asseoir le tantième de la contribution mobilière ; mais dès lors que le loyer devient un étalon destiné à être multiplié par un coefficient, non-seulement le contribuable discutera le coefficient propre à sa catégorie, mais encore le chiffre attribué à sa valeur locative.

« C'est donc une nouveauté sans précédent, d'un résultat problématique ou écrasant pour la propriété foncière. Pour tant faire que de subir l'*impôt sur le revenu* avec tous les inconnus de son application, il serait peut-être plus sage de revenir à l'*impôt sur les revenus*.

tel qu'on le pratique partout, et qui, malgré ses inconvénients, a du moins l'avantage *d'une expérience faite.* »

Telles sont les principales objections qui ont été faites ou qui peuvent être faites à *l'impôt sur le revenu,* tel que nous le défendons.

Nous allons essayer d'y répondre en restant sur le terrain des propositions à l'examen, et en indiquant, au besoin, les précautions prévues ou non prévues par leurs auteurs, pour amoindrir la portée des critiques ci-dessus.

VI

Mise en pratique de l'impôt sur le revenu.

Ces objections se trouvent contredites par l'exposition même du système, sans qu'il soit nécessaire de les relever en détail.

Le rapport du loyer avec le revenu existe certainement, avons-nous dit et répété avec l'appui des auto rités les plus compétentes.

Ce rapport ou *coefficient,* d'après les données économiques contemporaines, n'est pas inférieur, EN MOYENNE, *à cinq fois la valeur locative.*

C'est du moins la base adoptée en Allemagne, et notamment à Francfort (1), lors de l'introduction de l'impôt sur le revenu, soit comme moyen d'assiette, soit comme moyen de contrôle des déclarations.

Cette observation répond déjà à l'objection que l'impôt sur le revenu, basé sur le loyer, serait une nouveauté.

______

(1) *Journal des Débats,* 15 janvier 1872, par M. J. de Reinach.

Il n'y a rien d'arbitraire ni de surprenant à choisir entre les deux éléments d'appréciation du revenu : la *déclaration* ou la *valeur locative*, celui de ces deux éléments qui offre le moins de prise à la fraude ou à l'inquisition.

Mais le coefficient de 5 ne doit être considéré, en France surtout, avec la diversité des familles et des communes, que comme *une moyenne*.

A ce titre, il peut servir à l'établissement d'une statistique de rendement, mais non à l'assiette positive d'un impôt.

Il y a, en effet, deux circonstances de fait qui font varier nécessairement et légitimement le coefficient en plus ou moins, savoir :

1° L'importance numérique de la famille du contribuable ;

2° L'importance numérique de la commune habitée par le contribuable.

Il ne serait pas juste d'appliquer le même coefficient dans une grande ville et dans une petite, à un célibataire ou à un chef de famille composée de dix personnes.

Il est donc nécessaire de constituer des catégories de coefficients variables, suivant ces deux circonstances.

La proposition de M. Aubry y pourvoit dans une certaine mesure : elle présente six catégories, suivant l'importance numérique de la famille, deux suivant l'importance numérique de la commune :

Rien n'empêche d'en établir davantage.

Il n'y a aucune complication, ni erreur, ni équivoque à craindre dans l'établissement de catégories basées sur une quotité de population, propre à chaque com-

muuauté de famille ou à chaque agglomération muni-
cipale.

C'est un fait positif, officiel, facile à contrôler.

Quant au chiffre à donner au coefficient de chaque
catégorie, c'est une question réservée pour une étude
plus technique ; mais, dès à présent, il est évident que
si la moyenne générale n'est pas supérieure à 4 ou 5
dans Paris, à 5 ou 6 dans les villes de 30,000 habitants
et au-dessus, à 6 ou 7 dans les villes inférieures à
30,000 habitants, à 7 ou 8 dans les communes rurales
inférieures à 1,000 habitants, on est à peu près certain de rester au-dessous de la vérité, et conséquem-
ment à l'abri de contestations fondées.

Pour rendre plus sensible la méthode d'application
et ses résultats, nous présentons une table hypothé-
tique de l'impôt de 1 0/0 sur le revenu, divisée :

En 6 catégories, par rapport au nombre de personnes vivant en communauté de famille ;

En 4 catégories, par rapport à la population de la
commune habitée par le contribuable.

*Toutes ces catégories applicables à une valeur locative de
1,000 fr.*

A l'aide de ce tableau, il sera facile à chaque lecteur
de fixer lui-même son coefficient, en s'arrêtant au
point de rencontre des deux classifications : l'une
latérale, l'autre perpendiculaire.

Le coefficient trouvé, il suffit au contribuable de
multiplier le chiffre de sa valeur locative, inférieure
ou supérieure à 1,000 fr. par son coefficient ; il
obtiendra ainsi le chiffre de son revenu présumé, sur
lequel se percevrait la contribution éventuelle de
1 0/0 (plus ou moins suivant le tantième qui serait
fixé par la loi).

Tableau de l'impôt sur le Revenu, à raison de 1 0/0, par chaque catégorie de contribuables, d'après une valeur locative de 1,000 francs.

CLASSIFICATION DES CONTRIBUABLES PAR IMPORTANCE DE LA COMMUNE.

1° Paris

CLASSIFICATION DES CONTRIBUABLES par importance DE LA FAMILLE.	Coefficient.	Revenu présumé et imposé.	Montant de l'impôt à payer.
Un célibataire......................	8	8.000	80
Un chef de famille de 2 personnes.	7	7.000	70
Un chef de famille de 4 personnes.	6	6.000	60
Un chef de famille de 6 personnes.	5	5.000	50
Un chef de famille de 8 personnes.	4	4.000	40
Un chef de famille de 10 personnes.	3	3.000	30

2° Grandes villes de population supérieures à 30,000 habitants

CLASSIFICATION DES CONTRIBUABLES par importance DE LA FAMILLE.	Coefficient.	Revenu présumé et imposé.	Montant de l'impôt à payer.
Un célibataire......................	9	9.000	90
Un chef de famille de 2 personnes.	8	8.000	80
Un chef de famille de 4 personnes.	7	7.000	70
Un chef de famille de 6 personnes.	6	6.000	60
Un chef de famille de 8 personnes.	5	5.000	50
Un chef de famille de 10 personnes	4	4.000	40

3° Villes ordinaires au-dessous de 30,000 habitants.

CLASSIFICATION DES CONTRIBUABLES par importance DE LA FAMILLE.	Coefficient.	Revenu présumé et imposé.	Montant de l'impôt à payer.
Un célibataire......................	10	10.000	100
Un chef de famille de 2 personnes.	9	9.000	90
Un chef de famille de 4 personnes.	8	8.000	80
Un chef de famille de 6 personnes.	7	7.000	70
Un chef de famille de 8 personnes.	6	6.000	60
Un chef de famille de 10 personnes	5	5.000	50

4° Simples communes rurales de population inférieure à 1,000 habitants.

CLASSIFICATION DES CONTRIBUABLES par importance DE LA FAMILLE.	Coeffi-cient.	Revenu présumé et imposé.	Montant de l'impôt à payer.
Un célibataire..........................	11	11.000	110
Un chef de famille de 2 personnes.	10	10.000	100
Un chef de famille de 4 personnes.	9	9.000	90
Un chef de famille de 6 personnes.	8	8.000	80
Un chef de famille de 8 personnes.	7	7.000	70
Un chef de famille de 10 personnes	6	6.000	60

Les résulats qui apparaissent dans cet essai d'application n'ont rien d'arbitraire ni de choquaut.

On peut encore les rapprocher davantage de la vérité, en faisant varier d'une *fraction centesimale d'unité* les catégories ci-dessus, suivant des zones régionales concentriques autour de Paris, ou suivant des subdivisions territoriales analogues aux anciennes provinces, ou suivant le nombre de domestiques ajouté à celui des membres de la famille.

En tout cas, nous estimons qu'il ressort de ce tableau la possibilité de faire une classification rationnelle de coefficients calculés sur les deux causes principales qui en modifient le chiffre; et, en définitive, le calcul qui fait ressortir le revenu par une simple multiplication de deux nombres est le procédé le plus simple, le plus pratique et le plus discret que l'on puisse imaginer.

Mais, dira-t-on, en admettant la possibilité d'une classification rationnelle et commune, l'impôt sera toujours subordonné à la volonté et au tempérament de chaque contribuable, en ce sens que celui-ci peut ne pas adopter de proportion logique entre son loyer et son revenu : ainsi les avares paieront moins, les prodigues paieront beaucoup.

A cela, il suffit de répondre : Où est le mal ?

La question se résume à trouver le revenu approximatif par voie *d'abonnement rationnel et raisonnable*, et *non par voie de déclaration ou de contrôle*, bien autrement inégal et dangereux.

Si le contribuable est prodigue, l'impôt sera un avertissement efficace et salutaire pour l'obliger à rentrer dans la règle d'un budget bien ordonné.

Si le contribuable est économe, avare même, il sera ménagé par l'impôt sur le revenu, comme il l'est par les impôts de consommation ; cela est vrai et juste, car il n'y a de *revenu véritable* que celui dont on jouit par la consommation personnelle ou par l'apparence extérieure ; mais il reste atteint par toutes les taxes anciennes et nouvelles, notamment par l'impôt de mutation, celui qui, en dernière analyse, rend au Trésor public les fruits qui lui ont échappé.

Quant à ceux qui enferment leurs capitaux pour les soustraire à la consommation et à la production, nous croyons superflu de discuter l'espèce, jusqu'à ce qu'on ait démontré la nécessité et la possibilité de les atteindre, par un moyen quelconque autre que les impôts de mutation.

Ainsi, le revenu vraisemblable, apparent, dont chaque contribuable jouit en réalité à l'intérieur et à l'extérieur, par la consommation ou par la réputation, peut ressortir d'un simple calcul qui n'a rien d'arbitraire, ni d'inquisitorial, ni d'offensant pour le citoyen.

C'est, en deux mots, l'abonnement rationnel et discret, substitué à la déclaration qui place le contribuable entre la tentation de la fraude et l'inquisition du fisc.

Nous pensons que l'utilité morale et pratique de cette proposition est suffisamment justifiée, sans qu'il soit besoin d'en développer les autres perspectives.

Les partisans du *statu quo* en matière fiscale prétendent aussi que ce nouvel impôt retombera, en définitive, à la charge des propriétés bâties, par la baisse des loyers qui s'en suivra, et constituera un double emploi fâcheux, inique.

Cette dernière conclusion est au moins contestable ; car, nous ne pouvons trop le répéter : une taxe *générale* sur *le revenu* d'ensemble ne peut jamais se confondre ni faire double emploi avec une taxe *spéciale* sur *un revenu* déterminé.

En effet, celle-ci, au moment de son établissement, diminue la valeur principale de l'objet taxé entre les mains de son possesseur ; celle-là, au contraire, n'altère en rien l'équilibre des valeurs, par cela même qu'elle les frappe toutes à la fois.

D'ailleurs, il y a cette différence capitale, caractéristique, essentielle : c'est que l'*impôt direct ou indirect sur les revenus*, mais *spécial*, atteint un instrument de travail, ou une consommation nécessaire, tandis que l'impôt *général sur le revenu* n'atteint que le fruit du travail ou du patrimoine.

Donc, il n'y a pas double emploi.

Y a-t-il surcharge ?

Pour le savoir, il convient de se rendre compte de la situation comparée des impôts *directs* payés par le même contribuable, suivant le pays qu'il habiterait.

Nous n'entreprendrions pas ce travail s'il n'avait déjà été fait et publié, sous la signature d'un financier distingué, dans le *Journal des Débats* du 4 septembre 1871, M. J. de Reinach.

Sans attacher à cette statistique la valeur d'un document officiel, nous pouvons affirmer qu'elle émane d'un esprit pratique, ayant l'habitude de la responsabilité et la connaissance du régime financier international.

Ce document ne saurait donc passer inaperçu dans la question qui nous occupe : il répond d'une façon topique à l'objection devenue banale d'écraser la propriété foncière.

Statistique internationale des CONTRIBUTIONS DIRECTES *payées par un contribuable ayant un loyer de 4,000 fr. et un revenu annuel de 20,000 fr.*

Cette statistique s'applique à six pays différents et à cinq natures de revenus.

Chiffre des IMPOTS DIRECTS *payés par le contribuable dans cinq hypothèses de revenus et dans six pays différents, savoir :*

PAYS	20,000 FRANCS DE REVENUS				
	En rentes sur l'Etat	En revenus agricoles	En produits industriels	En immeubles bâtis	En bénéfices de Banque
Angleterre......	1000	2000	530	4245	938
Allemagne......	1500	1930	2000	2000	1620
Autriche......	3100	2400	3500	6300	2390
Etats-Unis......	2000	2300	3200	3550	5570
Italie........	3500	2000	5800	4245	2873
France........	384	450	1600	1037	1264

L'impôt sur le revenu que nous examinons créerait une surcharge, variable entre 120 fr. et 440 fr., pour tout citoyen ayant un loyer de 4,000 fr. et un revenu probable de 20,000 fr. (1).

Or, en présence du second tableau ci-dessus, nul ne peut dire avec raison que ce serait exagérer la mesure des sacrifices nouveaux que nos désastres ont imposés au pays, ni qu'il y aurait double emploi avec les impôts existants.

Nous nous sommes efforcés d'être rapide et clair dans cet exposé, sans prétendre apporter un projet complet ni répondre à tout ; cela ne serait ni dans notre compétence ni dans nos moyens ; mais il suffit, ce semble, de soumettre à la critique d'un examen indépendant, les procédés proposés pour en faire ressortir la possibilité d'une application raisonnable.

VII

Résultats probables.

Il reste à examiner le produit probable de la taxe proposée par MM. Wolowski, Aubry et le marquis d'Andelarre, ramenée à la proportion de 1 0/0 sur le revenu, et à résumer le principe et le mode d'application de cet impôt.

L'importance du revenu national est assurément difficile à constater avant que l'application d'un procédé fiscal n'en n'ait fait ressortir les éléments au moyen de statistiques officielles.

On peut même ajouter que l'établissement de l'impôt ne fera pas apparaître, dès les premières années, un chiffre rigoureusement exact ; mais l'expérience ne

---

(1) Voir le premier tableau.

tardera pas à rectifier les appréciations naturellement adoucies de l'origine, et à restreindre les exemptions que les tendances plus sentimentales que démocratiques de l'opinion ne manqueront pas d'imposer au début.

C'est donc par voie de déductions et de comparaisons réunies en faisceau et convergeant vers un chiffre commun que nous pouvons obtenir une probabilité concluante.

A vrai dire, l'importance de ce chiffre n'a qu'un intérêt secondaire ; car il s'agit seulement ici d'un essai d'application sur une échelle modérée, et, si cet essai réussit, le système proposé se prêtera, par son élasticité même, à toutes les quotités désirables et à toutes les réformes ultérieures.

Toutefois, l'examen auquel nous nous sommes livré venant à l'appui du système général, c'est à ce titre que nous allons le résumer.

Disons de suite que nos observations aboutissent toutes au chiffre minimum de 15 milliards pour l'ensemble du revenu de la France et à 8 milliards pour le revenu imposable, soit, en raison de 1 0/0 : 80 *millions de produit probable.*

Les économistes fournissent à ce sujet de longues et intéressantes dissertations ; mais cette école rencontre peu de crédit dans les sphères politiques et il serait au moins ingénu de prétendre ébranler l'esprit de routine, par l'autorité d'une science que les hommes soi-disant pratiques qualifient, sans l'avoir approfondie, de chimérique et socialiste utopie.

Nous pensons cependant que les Adam Smith, Stuart Mill, Say, Rossi, Fréd. Bastiat, sont plus aptes à éclairer les questions contemporaines que les auteurs français du dix-huitième siècle, Vauban, Turgot, etc., placés en face du régime fiscal de la féodalité.

Ce qui serait plus décisif encore, ce sont les données fournies par les nations étrangères qui ont poussé l'impôt sur le revenu ou les revenus jusqu'aux plus extrêmes conséquences (1), dans les formes que nous sommes loin de proposer et de désirer pour notre pays.

Quelle que soit l'autorité de ces enseignements, nous préférons nous limiter dans le domaine du raisonnement sur des connaissances usuelles.

Or, il est une première question qui se pose à tous les esprits les moins familiers avec la matière.

Quelle est la proportion raisonnable qu'un peuple libre doit observer entre l'ensemble de son revenu et l'ensemble de ses impôts ?

Nous doutons qu'il existe un seul gouvernement qui ose avouer publiquement qu'il prélève plus d'un dixième sur le revenu de tous les citoyens.

Et cependant, si exorbitante que soit l'hypothèse d'une *dîme* survivant à nos révolutions, nous considérons qu'elle est malheureusement très inférieure à la réalité.

C'est sans doute pour cette raison que les gouvernements écartent toujours du débat des impôts cette importune comparaison.

Quant à nous, qui avons le droit et le devoir de chercher la vérité, si amère qu'elle soit, nous n'hésitons pas à déclarer que, dans notre opinion, le rapport de l'impôt avec le revenu, en France, doit s'exprimer comme 1 est à 6.

Entre ces deux hypothèses extrêmes de proportion,

---

(1) Depuis 2 40 0/0 en Angleterre, jusqu'à 13 20 0/0 en Italie.

le dixième et le sixième, chacun peut choisir selon son sentiment, le 9°, le 8° ou le 7°; mais il est manifeste qu'on ne peut s'en écarter sensiblement sans sortir de la vérité des temps et des faits.

Or, étant donné, en chiffre rond, un impôt général de 2 milliards et demi : dans la première hypothèse du dixième, le revenu général ressortirait à 25 milliards et dans la seconde hypothèse du sixième, le revenu général ressortirait à 15 milliards, chiffre que nous adoptons.

Nous ne nous contenterions pas de cette démonstration, fournie par une spéculation de sentiment, si elle n'était confirmée par la constatation authentique, indiscutable, des revenus en Angleterre.

M. Dudley Baxter, dans son ouvrage si remarquable, intitulé *National Income* (1), évalue à la somme de 20 milliards 350 millions le revenu national des citoyens anglais, pour l'exercice 1867, d'après des documents officiels et incontestés.

Pour comparer utilement la France avec l'Angleterre, il convient de présenter quelques observations préalables :

1° La France a une population de 36 millions au moins, l'Angleterre 30 millions à peine.

2° Les gros revenus sont assurément plus considérables en Angleterre, mais l'aisance, l'économie, la sobriété sont plus généralisées dans les familles en France.

3° La recherche des revenus par voie d'espèces, de

---

(1) Cité par M. J. Siegfried, du Havre, dans sa brochure de *l'Impôt sur les revenus* (1871). — *Voir à la page suivante le tableau présenté par M. Dudley Baxter.*

cédules et de déclarations, n'atteint pas la généralité du revenu comme pourrait le faire l'adoption d'un étalon commun ; pour n'en citer qu'un exemple : les créances chirographaires et les capitaux placés à l'étranger échappent, pour la plupart, à l'income-taxe en Angleterre.

4° Enfin, les exemptions en Angleterre sont surtout commandées par la difficulté du contrôle de l'income-taxe et par le système des déclarations, qui ne peuvent être appliquées qu'à un certain niveau de fortune et de responsabilité ; l'impôt sur le revenu, au contraire,

Revenu de la population anglaise, en 1867.

1° REVENUS SUPÉRIEURS ET MOYENS payant l'income-tax	NOMBRE de personnes imposées	MONTANT du REVENU
1° GRANDS REVENUS		
de fr. 125,000 et au-dessus......	8.500	3.150.000.000
de fr. 25,000 à 125,000...........	48.800	2.080.000.000
2° REVENUS MOYENS		
de fr. 7,500 à 25,000..........	178.900	2.195.000.000
3° PETITS REVENUS		
de fr. 2,500 à 7,500..............	1.076.400	2.775.000.000
—	1.282.000	10.200.000.000
2° REVENUS INFÉRIEURS ne payant pas l'income-tax		
1° Au dessous de 2,500......... ..	1.497.000	2.030.000.000
SALAIRES 2° TRAVAUX SUPÉRIEURS		
de fr. 1,250 à 1,825..............	1.315.000	1.660.000.000
3° TRAVAUX SECONDAIRES		
de fr. 875 à 1,250..............	5.087.000	4.020.000.000
4° AGRICULTEURS ET TRAVAUX INFÉRIEURS		
de fr. 262 à 875..............	4.529.000	2.440.000.000
	13.720.000	20.330.000.000

tel que nous le comprenons et proposons, basé sur une sorte d'abonnement, appliqué à une échelle modérée, dans un pays de suffrage universel (1), permet de réduire les exemptions à un chiffre de revenu très inférieur à 2,500 fr.

Nonobstant ces observations, qui sembleraient pouvoir permettre d'adapter la statistique du revenu anglais, sauf la nomenclature, à celle du revenu français, nous croyons devoir la réduire d'un quart, ce qui porterait le revenu français à 15 milliards, dont 8 milliards au moins seraient soumis à l'impôt.

Cette démonstration, venant en confirmation de la précédente, nous paraît de nature à satisfaire les esprits les plus rebelles aux probabilités économiques, et nous croyons qu'il est superflu de rechercher des arguments plus décisifs dans les archives de la fiscalité officielle, qui ont survécu à l'incendie du ministère des finances.

Sans doute, si nous possédions l'ensemble des valeurs locatives de la France, tant celles données à bail que celles habitées par leurs propriétaires, il suffirait de multiplier ce chiffre par un coefficient moyen de 5 ou de 6, pour avoir le montant total du revenu.

Mais d'une part :

Le recensement des valeurs locatives par la contribution mobilière n'est pas concluant, parce qu'un impôt de répartition ne peut servir de base à un impôt de quotité, et parce que l'assiette de la contribution mobilière est à la fois insuffisante et irrégulière, ainsi que nous l'avons démontré précédemment ;

---

(1) La Constitution de 1791 n'accordait le droit de suffrage qu'aux citoyens actifs, c'est-à-dire payant l'impôt direct.

D'autre part :

Le nouvel impôt sur l'enregistrement des baux, qui pourrait aussi fournir un certain ensemble des valeurs locatives, comprend à la fois des occupations professionnelles et privées, à une ou plusieurs années de bail, et ne fournirait pas le chiffre des valeurs locatives habitées par leurs propriétaires.

Il s'ensuit qu'une estimation nouvelle et marchande de toutes les valeurs locatives est absolument nécessaire pour faire ressortir un chiffre exact.

En tout cas, il semble vraisemblable que l'ensemble des valeurs locatives données à bail et habitées par les propriétaires, réparties entre 7 millions de maisons et autant de familles (1), peut, sans exagération, être porté à 3 milliards.

Ce dernier chiffre, multiplié par un coefficient moyen de 5 ou 6, vient encore, au besoin, confirmer le chiffre de 15 milliards, qui est notre point de départ et notre conclusion.

VIII

Résumé et conclusions.

Arrivé au terme du programme que nous nous étions tracé, nous laissons au lecteur, qui a suivi attentivement cette étude rapide, le soin d'en élargir les perspectives au point de vue moral et politique.

Ce n'est pas volontiers, croyons-nous, que plusieurs

---

(1) Ce chiffre de 7 millions de maisons est fourni par le traité des impôts de *Vignes*, d'après la statistique des portes et fenêtres en 1837. Nous supposons que la perte de l'Alsace-Lorraine est compensée et au delà par les constructions nouvelles depuis trente-cinq ans et l'annexion de la Savoie et de Nice.

membres de l'Assemblée nationale se sont associés individuellement à la douloureuse initiative de rechercher des impôts nouveaux.

Il faut leur savoir gré d'avoir, dans cette circonstance, obéi à un devoir de raison et de conscience, pour lutter contre une révolution économique faite au rebours des droits acquis et d'une liberté chèrement conquise.

Nous avons donc tenu à remettre en lumière une proposition généreuse, pratique et correspondant à un sentiment universel.

Nous croyons être l'interprète de la pensée des honorables auteurs de la proposition dont il s'agit, en nous abstenant d'en relever la valeur par une critique trop facile des impôts nouveaux que le gouvernement a proposés, ou par des considérations qui s'adresseraient à des sentiments trop voisins de la passion.

Conservant à la question son caractère purement fiscal, nous sommes partis de ce principe incontestable que l'impôt, pour être juste et léger, doit se proportionner au revenu de chaque citoyen.

Nous avons démontré, avec l'appui des autorités les plus compétentes, que le revenu de chaque contribuable a sa mesure approximative, facilement appréciable, dans la valeur locative du foyer domestique.

« *Le loyer, c'est le thermomètre du revenu*, suivant l'esprit et la lettre de la réforme fiscale de 1791, rappelée et commentée par MM. H. Passy, Teisserenc de Bort, etc. »

Passant à l'application du principe, tenant compte des causes qui peuvent faire varier le rapport du loyer avec le revenu, et répondant à toutes les objections, nous avons exposé le procédé de mise en pratique et les probabilités de rendement.

Assurément nous pouvons nous faire illusion sur la valeur du système proposé par MM. Wolowski, Aubry et d'Andelarre, et il est probable que ces honorables députés n'y mettent pas d'amour-propre; car en cette matière, où ils ont recherché le moindre mal, il est aussi pénible d'avoir raison que d'avoir tort.

Mais ce que nous pouvons dire en terminant cette étude, c'est que, s'il est un moyen pratique d'atteindre le revenu, dans sa généralité apparente, sans inquisition ni arbitraire, c'est un devoir pour le gouvernement de le chercher, et ce sera l'honneur de l'Assemblée nationale d'en avoir pris l'initiative.

Car il ne faut pas l'oublier : si l'impôt n'arrivait pas à atteindre le fruit du travail au moment de sa maturité et de sa mise en valeur; si, au contraire, on persistait à vouloir frapper le travail lui-même dans ses instruments immédiats, dans ses organes les plus essentiels, en un mot sur les matières premières et le commerce, la France, amoindrie et désarmée sur le champ de bataille de la production, risquerait d'être bientôt vaincue par la concurrence de tous les peuples libres.

Les négations s'enchaînent dans leurs conséquences comme les principes : négations morales, négations politiques, négations économiques, toutes conduisent à la servitude.

Il en est une qui n'avait pas encore été entrevue, même à travers la logique des doctrines fatalistes :

C'est le travail gratuit et obligatoire.

Puisse le génie national de la France, Dieu aidant, ne jamais connaître cette suprême humiliation !

Paris. — Imp. Ch. Schiller, 10, faubourg-Montmartre.

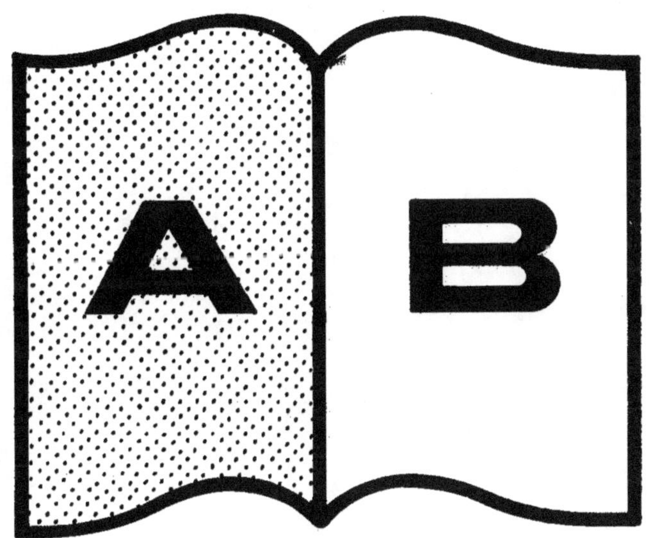

Contraste insuffisant

NF Z 43-120-14

www.ingramcontent.com/pod-product-compliance
Lightning Source LLC
Chambersburg PA
CBHW061110050726
47594CB00005B/1866